Publié pour la première fois en 1989
par G.P. Putnam's Sons, New-York
sous le titre HAIRCUTS FOR THE WOOLSEYS.

Traduit de l'anglais par Catherine Chicandard.

Les Frise-laine
se font tondre

Les Frise-laine se font tondre

Ecrit et illustré par
Tomie dePaola

Gautier-Languereau

L'hiver est enfin terminé. La neige a fondu, il commence à faire beau. Les enfants Frise-laine ne tiennent plus en place, pressés d'aller jouer dans les prés.

— Il faut attendre que la boue sèche, dit Maman.

— Combien de temps? demandent Zoé, Zou et Zizou.

— Ce ne sera pas long, répond Papa.

Chaque jour, il fait plus chaud. Chaque jour aussi, Zoé, Zou et Zizou guettent l'apparition des premières fleurs. En attendant, ils construisent un cerf-volant qu'ils lanceront du haut de la colline.

Et puis, un matin, Papa Frise-laine annonce:
— Les enfants, la boue a séché, le soleil brille. Vous pourrez aller jouer dehors.
— Bravo! crient Zoé, Zou et Zizou.
— Mais avant, ajoute Papa, il vous faut une bonne coupe. Regardez-moi cette toison!

Durant l'hiver, la toison des Frise-laine a poussé. Epaisse et frisée, elle leur a tenu chaud malgré la neige. Mais, au printemps, il faut la tondre.

Clic, clic, clic.
Clic, clic, clic.
Clic, clic, clic.

Le printemps est une saison merveilleuse !

Mais, cette nuit-là, un vent froid se met à souffler du nord.

Hou... hou..., hurle le vent en secouant la maison.

Papa Frise-laine fait un grand feu dans la cheminée. Maman Frise-laine allume la cuisinière.

Grand-mère Frise-laine ajoute une couverture à chaque lit.
Zoé, Zou et Zizou, grelottants, se serrent devant le feu. Il fait si froid !

Lorsque le feu s’éteint, tout le monde va se coucher...

… sauf Grand-mère.

— Venez voir ! s'écrie Papa Frise-laine lorsqu'il se lève, le lendemain matin.
Le reste de la famille se précipite à la fenêtre. Surprise ! Les arbres, les champs, tout Chante-village est couvert de neige.

— Il fait trop froid pour sortir, dit Maman Frise-laine
— Surtout maintenant que vous êtes tondus, ajoute Papa.
— Ah ! non, gémissent les enfants. Juste quand nous allions jouer dehors !

— On n'aurait pas dû nous tondre ! dit Zoé
— On va s'ennuyer toute la journée, pleurnichent ses frères.
— Mais non, dit Grand-mère. Regardez, j'ai travaillé pour vous toute la nuit...

Quelle bonne idée !
Les enfants Frise-laine peuvent maintenant s'amuser dehors, bien au chaud dans les pull-overs tricotés par leur grand-mère... avec leur laine !

ISBN - 2.217.81001.4
Dépôt légal : Février 1990 - N° d'Éditeur : 5821
Imprimé en Italie